# Starta podcast

De enkla grunderna för hur du kommer i gång.

# Starta podcast

De enkla grunderna för hur du kommer i gång.

Tove Eloa Öberg

© 2022 Tove Eloa Öberg

Första utgåvan.
Förlag: BoD – Books on Demand, Stockholm, Sverige
Tryck: BoD – Books on Demand, Norderstedt, Tyskland

ISBN: 978-91-7969-222-3

*The magic of the creative process*

*is that there is no magic.*

Seth Godin

# Innehåll

Förord

# Förord

Du som läser den här boken är mest sannolikt intresserad av att börja spela in podcast. Du har något på hjärtat som du vill dela med andra, ett intresse som du kan prata om i evigheter utan att tröttna. Du vill också utforska hur du dina kunskaper genom podd kan få nå ut till andra människor.

Här går vi igenom basen i hur du gör från att spela in ditt första avsnitt till att publicera det online för andra att ta del av. Vi tittar på olika sätt att strukturera och planera podcast, teman för innehåll och även vilka hinder som kan finnas för att börja spela in podcast.

Jag som skriver de här raderna heter Tove Eloa Öberg. Jag är utbildad socionom och har i flera år arbetat både som anställd inom offentlig sektor och i eget företag med fokus på meditation, inre hälsa och personlig utveckling liksom ledarskap.

Jag började spela in podcast i januari 2020 efter att i flera års tid ha tänkt tanken - men inte riktigt vågat trycka på Rec. Men så en dag tröttnade jag på att vänta till "sen" och började. På den vägen är det! Sedan det första avsnittet har fantastiska möten hänt och jag har tack vare modet att börja med podd fått utforska en hel del av det som podcast betyder för mig: spännande och givande utveckling, och inte minst spännande möten med både gäster och lyssnare.

Min förhoppning med den här boken är att du som står i startgroparna för att börja spela in podcast kommer i gång och gör det - helt enkelt. Du är varmt välkommen hit och du är också mer än välkommen att höra av dig till mig. Kontaktuppgifter till mig hittar du längst bak i boken, i sista kapitlet.

Tove Eloa Öberg

Visby

# Vilket är ditt varför?

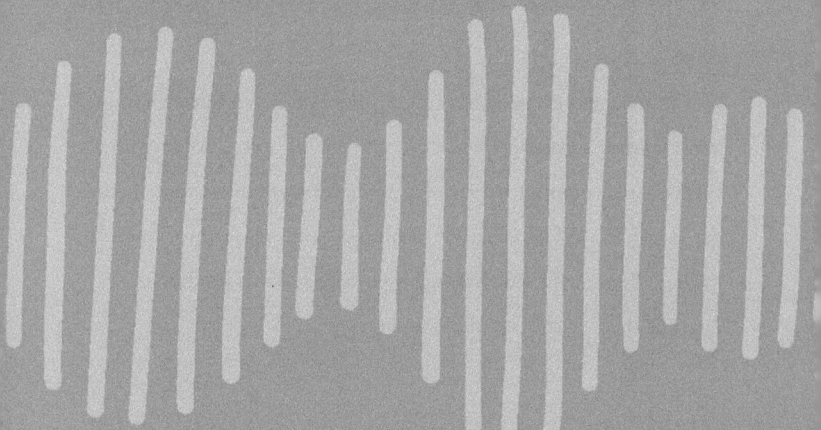

# 1. Varför podd?

I en tid där podcast som medium bara tycks fortsätta att växa kan vi såklart fråga oss varför det är på det sättet. Hur kan det komma sig att podcast och ljudmedia får så stort genomslag?

Något av det starkaste med podcast är just det fenomen att lyssnaren både kan få underhållning, utveckling och lärande – samtidigt som det bygger relation med dig som sänder podden. Det finns något djupt intimt med att lyssna på en männikas röst rakt in i örat, vilket också gör att din röst och personlighet kommer att landa varmt hos vissa människor och andra kommer att söka sig vidare till en röst och person som passar deras tycke lite bättre.

Det finns också en stor frihet över podcastlyssnande eftersom vi kan lyssna samtidigt som vi tar hand om disken efter kvällsmaten, utan att behöva ha ögonen på en video som spelar på skärmen. Vi kan lyssna samtidigt som vi promenerar till jobbet eller medan vårt barn eller partner somnat bredvid och vi inte vill störa med att tända lampan.

Viktigast är ändå: ditt alldeles egna varför. Vad är det som gör att just du som läser det här har börjat fundera på att spela in podcast? *Vad är ditt varför?*

Gissningsvis är det så att du har något eller några teman som du tycker är spännande och givande att utforska på egen hand. Du skulle dessutom kunna prata dina de här sakerna i flera timmar i sträck. Kanske är det så att du själv har upplevt något viktigt i ditt liv, som du vill ge vidare till andra så att de också kan få uppleva det du gjorde?

Med någon av de grunderna är det inte alls konstigt att vilja dela med sig av sina kunskaper till andra. Vi människor hittar ofta en djup känsla av meningsfullhet att få bidra till andra med kunskap och utveckling som ger mening och värde för andra människor.

Att spela in podcast är också väldigt roligt! Det kan tyckas lite litet att lyfta ett ord som "roligt", för den som är van att tänka prestation och perfektionism – vilket många människor har en närhet till. Men faktum är att ju roligare du har när du spelar in podd, desto bättre blir det i min uppfattning. För det hörs igenom till lyssnaren om du är där och delar samtalet i en idé om att du måste, jämfört med idén om att du genuint vill vara där och får energi av att sända podden. Vad tror du?

Att ha roligt när vi arbetar eller skapar betyder med det sagt inte nödvändigtvis att vi skrattar oss hela vägen igenom planering, genomförande och lansering. Även när vi lever nära det som känns kreativt kan motstånd hända – det är en del av processen. Men om vi väljer ett tema eller område som känns lätt för oss att prata om, fortsätta utforska, och roligt att dela med andra, ja – då är vi på rätt väg.

Oavsett vilket sammanhang du just nu befinner dig i hoppas jag att du ska få med dig några konkret värdefulla saker härifrån. Bland annat just hur du kan använda podcast för att profilera dig eller er, utvecklas kreativt och få uppleva många meningsfulla möten.

Låt oss gå vidare till vilka hinder som kan finnas för att börja spela in podd. *Vilka varför inte har du?*

Vad skulle du skapa
om du hade allt
du behövde för att lyckas?

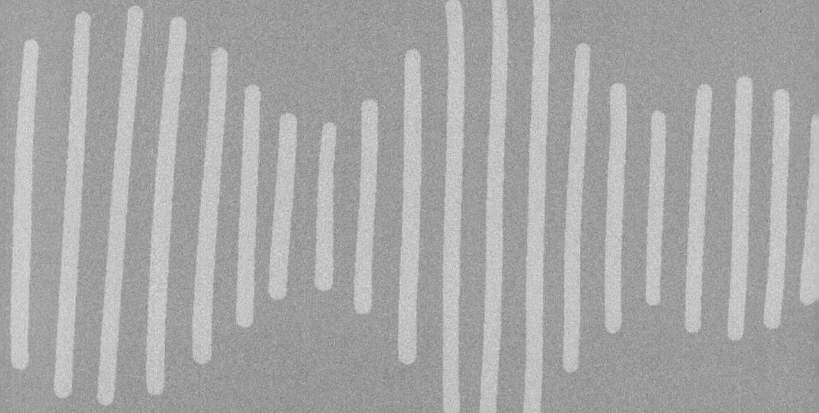

## 2. Varför inte?

Några saker kan rent konkret stå i vägen för att trycka på den där knappen med den röda cirkeln som startar inspelningen och förmå sig att dela podcasten ut i RSS-flöden vidare till Spotify. Eftersom du läser den här boken har du säkert bekantat dig med flera av dem redan. De är frågor som kan låta så här:

När ska det finnas tid?

Tänk om det kostar för mycket pengar?

Vart ska vi ens börja?

Kommer någon att lyssna?

Hur gör jag rent tekniskt?

Vad ska jag ha för utrustning när jag spelar in?

Vad ska vi prata om?

Hur långt är ett bra poddavsnitt?

Tänk om alla redan kan allt jag vill berätta?

Vad har jag ens att säga som kan vara av värde för andra?

Vad ska andra tycka?

Vart hittar jag musik till intro?

Hur får jag till det bästa ljudet?

*Fyll på med valfria frågetecken!*

Det kanske är så att du själv hittat ännu fler att att fylla på med? Vi ska börja med det som oftast ligger till grund för vår längsta startsträcka och som ofta är vårt absolut största hinder till att skapa det vi vill: våra egna rädslor för misslyckanden och rädslor för vad andra ska tycka.

## Rädslor.

Om du ställer dig själv frågan *om jag hade allt jag behövde för att börja, vad skulle jag göra då? Vad skulle jag skapa?* Vilket svar kommer upp i dig då?

Låt säga att någon precis om en minut ger dig nyckeln till en poddstudio och det enda du behöver göra är att gå rakt in, börja tala in i mikrofonen och få hjälp med allt utöver det du delar genom din egen röst. Hur skulle det bli för dig?

Väcks ett stort, rungande "JA!" när du tänker dig den tanken, eller får du ett mindre sammanbrott och får syn på fyrtiosju olika punkter du skulle behöva göra innan du öppnar munnen, där i studion? Planera lite mer? Öva på ditt intro? Veta vad du ska göra i avsnitt nummer 43 om ett par säsonger?

En del människor verkar vara förskonade ifrån självtvivel. Om du är en av dem: grattis! Vi andra får nog konstatera att självtvivel i grunden är den mänskliga psykologins och fysiologins sätt att skydda oss från känslor så som skam. Skam råkar vara det som vi människor helst av allt vill undvika att känna. Det hör ihop med att vi inte vill riskera hamna utanför flocken, det viktiga sociala sammanhang där vi befinner oss i.

Vi människor behöver känna tillhörighet. Därför är det inte alls särskilt konstigt att vi kan hitta både ett, två och tretusen tvivel kring det vi vill skapa – även om det inte måste vara så. Men om du kan relatera, kanske du kan fundera lite på den här frågan. *vad skulle du skapa om du hade allt du behövde för att lyckas?*

Om det inte spelade dig någon roll vad andra sa om din podd? Om det till och med kunde bli viktigt för någon annan att ta del av din röst, dina kunskaper och erfarenheter? Vad skulle du skapa då?

## Perfektionism.

Nära länkat till rädslor hittar vi perfektionismen, den lilla godingen som kan verka så smart och viktig! För det är väl självklart att vi vill ha bra kvalitet på det vi skapar, eller hur? Det vill väl alla?

Personligen gillar jag kvalitet. Jag gillar kvalitet väldigt mycket, faktiskt. Men jag vet också att min definition av kvalitet under mina år här på jorden nio av tio gånger har varit alldeles felinställd. Det som varit i mitt tycke "halvdant" eller som jag själv upplevt "ganska dåligt" har ofta fått bra betyg och applåder från andra trots att jag knappt velat lämna det ifrån mig.

En övning kan därför vara att göra det ändå, hur det än känns. Spela in podden även om du vet inom dig att du "kunde ha gjort det bättre". Dela det där inlägget "även om du vet" att du skulle kunna ha skrivit det ännu mer spot on. För vad är alternativet?

Alternativet är att ligga sömnlös på nätterna i ångest över att du inte kan någonting någonsin, så bra som du skulle vilja. Alternativet kan också vara att bli själsligen dränerad och trött som människa, när du inte ger dig själv modet att skapa det du innerst inne vill, av rädsla för vad som skulle kunna gå fel – när allt bara kan gå rätt (faktiskt).

## Prokrastinering.

Ytterligare en listig rackare är "prokrastineringen". Den kan också klä sig i rollen av det vi först tolkar som förnuft eller verklighetsförankring. I själva verket är den här doldisen ännu en psykologisk skyddsmekanism. Om vi i grunden har en rädsla för att spela in podcast, kan vi här hitta oss själva i det där läget att ställa frågorna som är listade i inledningen av det här kapitlet.

I stället för att försöka ta reda på vad som skulle vara den allra bästa mikrofonen för att spela in podd, väcker bara tanken på en mikrofon obehag och istället väljer vi att starta ännu en säsong på Netflix.

Om du känner igen dig i något av det här kan du behöva göra några incheckningar i frågorna på nästa sida.

Skriv gärna ner reflektionerna och dela dem med någon du litar på för att få lite feedback på dina tankar och känslor.

- o  Vad är din önskan med att spela in podcast?
- o  Vilket syfte fyller det för dig?
- o  Hur kommer det att kännas när du har spela in ditt första avsnitt?
- o  Hur har du det med din tilltro till att lyckas?
- o  Vad betyder för dig att *lyckas*?
- o  Vad finns det som du kan behöva hjälp med?

**Planering.**

Om du vill förenkla för dig själv att nå dina mål utan att det ska bli alltför arbetsamt är en stunds fokus på planering en viktig sak att stanna till vid. Att se över vår tidsram och hur vi vill förfoga över vår tid är nämligen en central sak i detta med att genomföra och lyckas med det vi vill göra.

Många av oss har en tendens att skriva lite för spretiga och grova mål i våra kalendrar. "Tisdag klockan 15.00 skapa podd". Känner du igen dig det? Om du i stället kartlägger de delaktiviteter som din podcastproduktion innehåller får du enklare att planera in de olika aktiviteterna, vilket i sin tur förenklar för dig att genomföra dem utan andan i halsen. Utöver det kommer också att upptäcka att du inte riskerar att missa detaljer, som du sedan måste kompensera för eller skapa på tid som du inte riktigt har. Därför: lista alla aktiviteter som det för dig innebär att börja spela in podd. Skriv upp allt!

*Tips: vänta med att göra listan tills du har läst igenom hela den här boken så att du inte hittar på punkter som du kan klara dig utan!*

I nästa steg: försök sedan att uppskatta vilken tid varje aktivitet tar. Det är såklart svårt att veta exakt i början och även med tiden kan saker dyka upp som påverkar tidsfenomenet. Börja med att gissa. Efter hand du gör uppgifterna kan du klocka hur lång tid det faktiskt tar dig att göra de olika aktiviteterna. I steget efter detta: boka in i din kalender när du ska göra vad. Följ planeringen (enkelt, eller hur?).

Idén med att planera och ha en stödjande struktur för att undvika prokrastinering, är att det dels blir tydligare *vad* som ska göras, dels *när* det ska göras.

Du behöver också ha med dig att vi människor har lite olika förutsättningar med konceptet impulskontroll (vilket den här boken inte ska utveckla vidare, för då blir det en annan boktitel men det är intressant att läsa vidare om det för dig som har intresse). Ju starkare impulskontroll, desto större chans att också klara av att göra de mindre roliga sakerna *Nu*, för att få effekt *Sen*. Så, om du vet med dig att dina impulser är lite sprakiga – var lite schysst med dig själv och försök att hitta strategier som fungerar för dig! Ett förslag kan vara att fira delmål, skapa sätt att belöna dig själv när du gjort en viss aktivitet?

## Okunskap.

Även om vi har allt vi behöver på plats i det känslomässiga och tillit till våra förmågor, kan vi ju ändå ha kunskapsluckor kring praktiska saker liksom sådant som kan tillkomma längsmed vägen. Om vi inte vet vilka effekter en podcast ska få för oss rent personligen eller för våra verksamheter, kan tröskeln att våga sig ditåt vara högre än om vi visste vad det skulle ge tillbaka – både till andra och till dig oss själva.

När jag började spela in min podcast gjorde jag det helt med utgångspunkten i att det var min privata podd, alltså helt utan koppling till mitt företag. Så här i efterhand kan jag tänka att det var en smula naivt och inte helt genomtänkt. Internet är Internet – även om jag en tid valde att inte alls försöka marknadsföra mitt företag i podden, är mitt namn ändå kopplat till mig som person (uppenbarligen) och således även till min verksamhet.

Det har tagit mig en tid att förstå vidden av vad podcast faktiskt har gjort och gör i mitt liv – och i andras. Nu när jag har publicerat avsnitt i två års tid förstår jag att podden ger värde till människor runtom i Sverige (och världen) – som jag aldrig någonsin har träffat. Som jag aldrig någonsin (förmodligen) skulle ha träffat om det inte vore för just podden.

Trots det att jag nu sänt ett antal avsnitt och utforskar poddens värld ganska regelbundet, kan jag konstatera att jag har en hel del kvar att göra även personligen! Jag förstår mer och mer att min verksamhet genom ytterligare en podcast skulle kunna ge mina kunder och följare ännu mera värde genom att ge dem kunskap, inspiration och sammanhang på ett lättillgängligt sätt.

Helt säkert kan det finnas fler hinder än dessa. Men jag tror, att om du har självkännedom om ditt sätt att fungera och undanröjer eventuella hinder som har med ovanstående att göra, så är du på god väg till att starta din podcast. Så, nu vidare till det praktiska!

Lita på processen.

## 3. Namn och innehåll

Det finns podcasts om transformers, om verkstäder och om racerbanor. Det finns podcasts om barnlöshet, sexnoveller, popcorn-tankar, filmer och musik. Poddar som utforskar Flashbacks mörka bakgårdar och låga humor, poddar som tar oss med in i människors livsöden och förhoppning om läkning och tillfrisknande. För att inte tala om alla poddar som rör eget företagande och entreprenörskap, företagande, ekonomi, hälsa och personlig utveckling. Det går att fortsätta i en halv evighet med att lista ämnen och teman!

### Att välja namn

Det finns olika skolor i detta med att välja namn och innehåll i sin podcast. Ju mer nischat desto bättre är en utgångspunkt för många. Jag förstår poängen i det och skulle gärna själv ha en sådan ram inför nästa podcast. Samtidigt är jag glad att jag valde att gå på min egen impuls och känsla i val av namn till min podcast, vilket för mig har varit rätt. Popcornpodden var ju ett namn för mig sedan innan podden ens existerade – för mig är kopplingen till mina snabba tankar självklar. Likaså kopplingen att popcorn, det äter man på bio – och bio är underhållande! Livet i sig är dock bättre än bio i sin underhållningsgrad – och även livet kräver sina väl saltade popcorn. På den vägen var det. Underrubriken för podden är "-för dig med snabba tankar – för dig som uppskattar utveckling i det inre och yttre". Ibland lite till, beroende på känsla och tema för dagens avsnitt.

Strax efter att jag startat min podcast insåg jag att det i Australien finns en podcast som heter just "The Popcorn Podcast". En podd som tydligen recenserar bioaktuella filmer och trailers! Kopplingen till under-hållning och livets drama är alltså inte särskilt långt borta!

Summa summarum: du behöver välja ett namn som du tror på, det är min grundinställning. Utbildade marknadsförare av rang måhända skulle säga annorlunda? Jag vet inte. Känn efter vad som är rätt för dig och lita inte på mitt råd rakt av. Viktigast är alltid att gå på det vi själva tror eller fråga någon vi har störst förtroende för i en specifik fråga!

# Innehåll.

Samma linje här som ovan. Om din inramning i podden är att prata Transformers gissar jag att du skulle vilja hålla dig till temat men att det kan innefatta alltifrån leksaker, biofilm, böcker, serietidningar och möten med människor som samlar på Transformers? Jag vet med det sagt inte riktigt – jag har själv inte lyssnat på den podden (ännu). För egen del har jag valt att ta mig friheten att leka med innehållet i min podcast helt fritt, eftersom det är

A. Min egen podcast och mina regler gäller – det är lyxigt!
B. Precis som sig bör när popcorn far runt i en kastrull. Man vet aldrig åt vilket håll det poppar.

Med det sagt, kan det såklart vara lättare att få en viss grupp av människor att följa din podcast om du har en tydlig riktning. Om du vet att du gillar utveckling och att lite vad som helst kan hända, är min podd fin att återkomma till. Grunden är många gånger för återkommande lyssnare ändå den att de uppskattar dig som leder podden som person, liksom din röst.

Om du däremot vill djupdyka riktigt i mordhistorier och true crime från vecka till vecka, är det mest sannolikt skönt att det är just true crime som du hör i lurarna när du trycker på play. Och det plötsligt då dyker upp en transformer i det hela, skulle en och en annan bli ganska fundersam på om den startat rätt podcast?

Du förstår vart jag vill komma? Återigen:

*Vad är ditt syfte och din önskan med din podcast?*
*Vad känns lätt för dig att skapa?*

# 4. Struktur

Det finns alla möjligheter att själv välja hur du vill lägga upp strukturen på din podcast. Med det menar jag både strukturen i hur ofta du delar avsnitt, hur avsnitten är upplagda och allt vad det nu kan vara som kan struktureras.

## Hur ofta?

De flesta skulle hålla med om att podcast som kommer alltför sällan, riskerar att tappa lyssnare. En regelbunden publicering eller åtminstone regelbunden kontakt med dina lyssnare via andra kanaler kan vara väldigt värdefullt för att skapa och behålla relation med ditt community.

En del lägger upp sina poddar säsongsvis och upplever att det kan ge ett bättre fokus i poddproduktionen. Låt säga att säsongen för dig skulle vara pågående februari-juni och september-december. I det läget kan du planera för samtliga avsnitt den perioden och ägna tiden däremellan till att hitta ny inspiration och planera inför kommande säsong.

Andra väljer att spela in fasta dagar och publicera fasta dagar, för att hålla tråden levande i inspelningar och i relationsbygge med sitt community, som jag nämnde tidigare. Att ha en mindre fast planering i teman kan passa en del poddar, som kanske mer bygger på att fånga upp dagsaktuella teman i samhället omkring.

Allt fler poddar tycks också spela in avsnitten live medan deras publik deltar live via videokanaler, eller i rummet utanför den inglasade studion, för att kunna interagera direkt med sin publik. Därigenom skapas mer delaktighet och känsla av samhörighet, kanske också samskapande, mellan dig som leder podden och lyssnaren.

- o  Vad skulle passa bäst för dig? Att dela ett avsnitt dagligen, ett i veckan, varannan vecka eller mer sällan?

- o  Vilka dagar skulle det passa dig bäst att publicera?

- o  När tror du att din målgrupp helst lyssnar?

## Manus.

En rekommendation är att prova att skriva ner några olika intron till din podcast. Prova sedan att säga dem högt för dig själv, som om att du spelade in. När du kan spela in, gör det – lyssna på din intonation, hur du själv upplever känslan och tempot.

Du kan självklart också spela in intro helt utan manus och göra det på nytt varje gång. Om du vill ha ett fast intro kan du spara det i ett ljudklipp som du sedan infogar vid varje nytt avsnitt.

I själva samtalet är det många som rekommenderar att ha någon form av manus att hålla sig i inför att inspelningen startas. Särskilt brukar det uppskattas om ni är fler än en person som spelar in. Men även när du spelar in solo kan det vara hjälpsamt, eftersom det faktiskt kan vara mer utmanande att föra en monolog med sig själv än man kan ana!

Försök ändå att undvika alltför fasta och rigida manus. För lyssnaren kommer det att kunna upplevas lite för strikt eller forcerat, snarare än om samtalen får flöda på relativt fritt. Det är också olika hur din eventuella gäst helst vill göra – mer om detta i avsnittet som handlar just om gäster.

## Intuitiv podcast.

För egen del har jag flera gånger valt att trycka Rec utan att ha en fast idé om vad podden ska handla om den dagen. Det skulle i vissa kretsar anses vara ett tjänstefel, gissar jag, på temat att riskera uppfattas som oprofessionell. För mig och i den värld jag befinner mig i och som jag vill skapa mer av, vill jag genom att podda intuitivt också säga till andra att det kan gå väldigt bra.

Att det kan vara viktigt för oss att släppa kontrollen och öva på tillit även när vi spelar in oss själva. Hur det landar i andra, hur det tas emot – det kan vi sällan (om någonsin) styra. Det vore också väldigt tråkigt om vi anpassade oss själva till att bli omtyckta eller få bekräftelse, så långt att vi inte delade det vi hade på hjärtat helt sant.

## Hur långa avsnitt?

Även här är det väldigt fria ramar som gäller. Precis som med podd i stort, kan vi nog konstatera, eller vad säger du? Det finns poddar som är några minuter långa, upp till poddar som går över flera timmars inspelning (och dygn). Det är verkligen olika vad som uppskattas av olika lyssnare och i olika sammanhang.

Fundera gärna själv på vilka poddar du trivs bäst med att lyssna på. Är det de kortare som har förmåga att leverera kunskap och inspiration på kort tid? Är det samtalen som får pågå en timme eller så, där du får möta människor ganska nära, som att du satt och lyssnade där bredvid?

## Tillgänglighet.

Ta också hänsyn till din målgrupp. Om du vet med dig att du spelar in podcast riktad till en viss åldersgrupp, fundera på vilket uppmärksamhetsspann den åldersgruppen mest sannolikt har. Detsamma kan gälla om du spelar in material som du vill ska vara tillgängligt för fler människor än de som tillhör normen, för att uttrycka det kort.

Om du vill inkludera människor med nedsatt koncentrations-förmåga, kan det vara hjälpsamt att dels hålla avsnitten tydliga och relativt korta. Alternativt kan du sammanfatta avsnittet kort i inledningen eller sammanfatta under tiden. Du kan även dela en kort information i blogginlägg relaterade till poddavsnittet. På så sätt kan den som behöver ta till sig informationen både i ljud och visuellt. Det finns också tjänster som transkriberar din ljudfil åt dig – mer om det på redigering.

# Vem är din drömgäst?

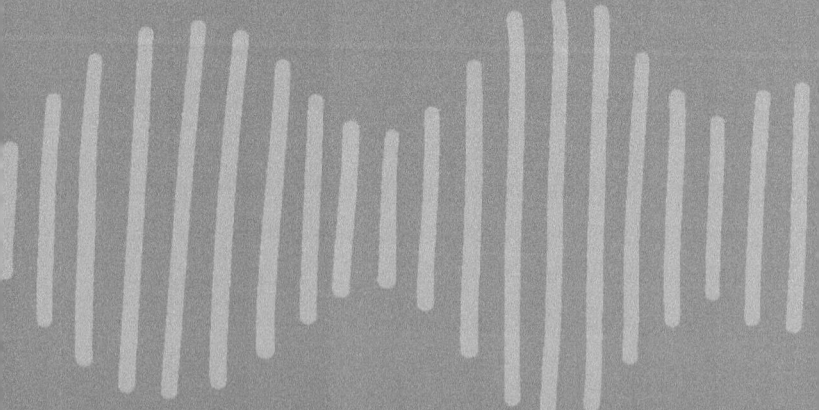

## 5. Gäster

En av de väldigt fina sakerna med att ha en egen podcast är att det går att ta kontakt med i princip vem som helst och fråga om en träff utan att det verkar helt socialt fel! För handen på hjärtat, hur många människor du varit nyfiken på igenom ditt liv har du kontakt och frågat, kan jag få dela ett samtal med dig, bara så? Att dessutom spela in det kan ge en ny ton av fundersamhet, om det inte vore för just formatet podcast.

Världen är full av fantastiskt intressanta människor! Människor precis som du och jag, alla har vi med oss olika erfarenheter och egenskaper som kan vara guld värda att få dela med andra – för att de just går att relatera till.

Författare, forskare, människor som utforskar och skapar – ofta inom områden de själva brinner för. Det är fantastiskt att få möta dessa människor i samtal om deras spetskompetenser och lära nytt, samtidigt som ni tillsammans genom podden bidrar till att fler får ta del av de kunskaper din gäst kommer med.

## Inbjudan.

För egen del brukar jag alltid skicka ett mail och beskriva vem jag är, berätta några ord om varför jag skriver och berätta lite om min podcast.

Fokus lägger jag framför allt på varför jag hör av mig till just den här personen, för att också visa att jag har ett genuint intresse av personens område. I inbjudan är jag också noga med att berätta, om än kort, vart och hur jag brukar spela in, ungefärlig tidsram och ber att få återkomma med förslag på datum om intresse finns, från personens sida att mötas.

Om du vill komma i kontakt med en författare som du inte har kontaktuppgifter till, kan du försöka att skicka ett mail till det förlag där boken är utgiven. Ställ din fråga där, kanske kan någon på förlaget förmedla kontakten vidare. Det har fungerat för mig och det blev ett av de viktigaste möten jag haft under hela den tid som min podcast funnits.

## Inför inspelningen.

Berätta en tid innan inspelning om hur du brukar lägga upp inspelningen, eventuella hållpunkter och tidsram. Jag spelar helst in helt fritt utan manus eller stolpar men om min gäst vill ha den ramen att förhålla sig till, skapar jag såklart det.

Om ni ses fysiskt, bjud gärna på te eller vatten – kanske något att fika innan eller efter att ni spelat in.

Innan ni börjar spela in "på riktigt" brukar jag ta för vana att säga hej, landa lite i ett eget samtal utan att spela in. Det kan dock finnas en poäng med att spela in från start, för att det ibland sägs riktigt bra saker redan tidigt i ett samtal. Detsamma gäller när ni sagt hej och tack för stunden i själva poddavsnittet – behåll gärna inspelningen på, för att kunna använda något av det senare. Förutsatt att det är okej för din gäst, givetvis.

För mig är det viktigt att stämma av med min gäst om det är något särskilt hen vill att jag tänker på, som gör att det känns tryggt och roligt för personen att delta. Dubbelkolla också gärna att du har namnets uttal rätt för dig, liksom hur du presenterar personen och de kompetenser eller titlar som följer med.

Jag brukar också informera om att jag redigerar mycket sparsamt, för att gästen ska veta att det i stort blir just det samtal vi delar som också andra får ta del av. Däremot erbjuder jag mig alltid att klippa bort ett stycke, om gästen upplever att den råkat säga ett sakfel eller hamnat snett i något uttryck. Det är viktigt för mig att den jag möter, får känna sig trygg med det som delas vidare.

Det har dock inte hänt mer än en gång, att sådan redigering har behövt göras. Den gången handlade det mest om, i mitt tycke, att gästen själv inte kände sig i rätt energi i en del av samtalet. Själv uppfattade jag det verkligen inte så, men jag mötte personens önskan så att den fick känna sig helt trygg med att dela samtalet vidare.

## Under inspelningen.

Den här delen tror jag att du har bra koll på! Om du är en person som vill möta människor i samtal och för ett gemensamt lärande, tänker jag mig i alla fall att du har med dig en genuin nyfikenhet in i mötet?

Några medskick är att försöka ställa öppna frågor, att ställa följdfrågor och att bjuda in hela personen att delta i samtalet – inte bara personens kompetenser och sakfrågor.

Ett viktigt tips är också: håll tyst när det inte är du som ska prata! I de flesta sociala sammanhang har vi med oss ett inlärt beteende att vi gärna får humma med, för att visa vår samtalspartner att vi hör det den säger och kanske rentav håller med. Att göra detsamma i podd blir väldigt svårlyssnat. Tro mig, jag har provat. Både att humma alldeles för mycket och att sedan lyssna på det avsnittet, och det är verkligen inte riktigt så bra som jag önskat.

Om du kan vara så tyst som möjligt när din gäst pratar, och istället visa med nickningar, leenden och kroppsspråk att du är närvarande och följer med – så har du och ni mycket vunnet i helhetsupplevelse för era lyssnare.

### Efter inspelningen.

Tacka för mötet! Det är något som vi gärna kan komma ihåg både en och två gånger, det där med att uttrycka uppskattning för möten med andra människor.

Informera eller kom överens med din gäst om när avsnittet ska delas. Om du har en blogg som på något sätt är kopplad till podden, kan du också fråga gästen om hen vill gästblogga (extra bra är det om du har frågat redan i samband med att du bjöd in!).

Kom överens om datum, tider för inlämning av text och publicering, senast i det här skedet. Be också din gäst att skicka en bild som du kan använda till sociala medier.

När du är klar med avsnittet (efter eventuell redigering), dela gärna avsnittet direkt till din gäst, via molntjänst.

Vid publicering brukar jag skicka direktlänk till podden tillsammans med blogglänk och bild till sociala medier till gästen.

# Vad behöver du egentligen?

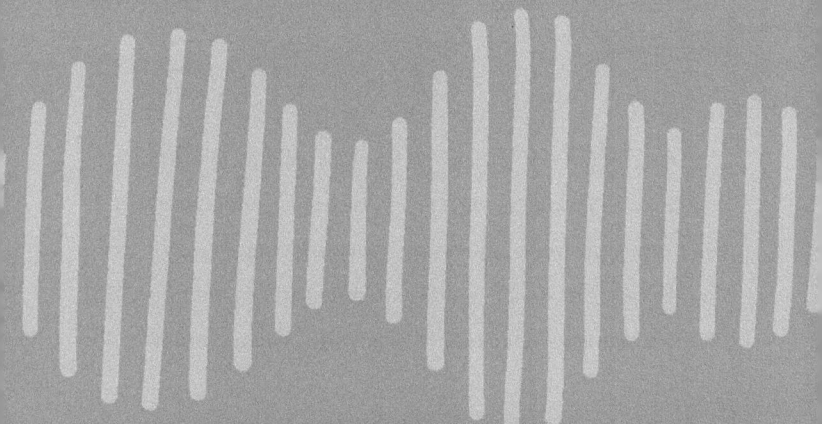

## 6. Inspelning och utrustning

Om jag hade behövt ta reda på vad en XLR-anslutning är eller hur det fungerar med extra ljudkort hade jag ännu idag inte kommit i gång med att spela in podcast.

Mina allra första poddavsnitt spelade jag in med min dåvarande mobiltelefon, en smartphone av inte alls särskilt dyra mått. Eftersom mobilens egna app för röstinspelning gav formatet MP4 vilket inte gick att ladda upp till mitt poddhotell, valde jag att ladda hem en MP3-inspelare. Det gjorde att jag direkt kunde ladda upp filen till mitt poddhotell efter inspelning (även om det också går att konvertera MP4 till MP3 via onlinetjänster, mer om det senare). Jag använde ingen extern mikrofon utan pratade rakt in i mobilen.

Vid en googling på "spela in podcast" har du hela 7 430 000 svar att läsa igenom om du vill ha en heltäckande genomgång! Ett av de första svar som kommer upp rekommenderar dig inför att du startar en professionell podcast att införskaffa en mikrofon med XLR-anslutning, ett externt ljudkort, slutna hörlurar för inspelning, akustikbehandling mot rumsklang, samt dator och inspelningsprogram.

Som du nu redan vet, spelade jag in podcast utan det mesta av ovanstående i alla fall närmare tio avsnitt. Med det sagt är listan här ovan en rimlig och välformulerad förteckning över sådant som höjer ljudkvalitén på din podd, gissar jag.

## Ljudmiljö.

Hur härligt det än kändes med tanken på att hyra studio så var det inte riktigt ekonomiskt försvarbart för min del – och jag sparade tid på att kunna spela in hemma. Som ensamstående förälder bygger livsplaneringen ofta på att det är lätt att skapa det som ska skapas – annars blir det inte gjort alls.

För att få till en ljudmiljö att kunna stå ut med, lade jag en madrass på golvet i min stora garderob (eller walk-in-closet, om det låter bättre). Jag vek upp madrassen halvt mot väggen eller byrån, för att fånga ljudet även framför mig. I övrigt fångade en lång rad av kläder på krokar upp annat ljud som for omkring.

Ännu idag kan det hända att jag spelar in något enstaka avsnitt via MP3-inspelare på min nya och lite bättre mobil. Allt oftare försöker jag dock spela in direkt via programmet Audacity på min dator. Jag har också köpt en extern mikrofon som är tänkt att användas vid podcast eller streaming av gaming. Handen på hjärtat så tycker jag fortfarande att mobilen ger ett jämnare ljud och mindre krångel, många gånger. Men den externa mikrofonen har sin poäng, förutsatt att jag använder ett puffskydd till den.

## Inspelning tillsammans med andra.

I början av mitt poddande bjöd jag in vänner till mig för att dela samtal med dem om livet och om deras olika spetskompetenser eller äventyr på jorden. Eftersom vi var och är nära vänner, kunde jag utan problem bjuda in dem i den där garderoben. Vi satte oss så nära mobiltelefonen som det var möjligt båda två, och spelade in. Det händer att ljudet ibland är lite för lågt jämfört med vad det hade kunnat vara – men fullt hörbart, lyssningsbart.

## Inspelning på distans.

I övrigt har nästan alla mina poddgäster deltagit på distans, närmare 4 av 5 gäster. Även när det gäller inspelning på distans finns det olika skolor och råd att hitta i olika forum. Min devis är som du förstår vid det här laget: håll det enkelt. Om ditt mål är att börja spela in podcast, börja där det är lätt att komma över tröskeln. Om det betyder att spela in via Zoom, Skype eller vilket format det nu kan vara: kör på det.

Själv kör jag på Zoom då jag driver stor del av min verksamhet därigenom och är trygg med den programvaran. Vid podd-inspelning på distans har jag helt enkelt valt att spela in mötet och sparat ner filerna. Zoom ger då både en videofil och en MP4-fil att använda. Det hade varit fullt möjligt att göra mer med videomaterialet, men jag har valt att fokusera på att dela mötet i ljudformat. Det är ofta bra om din gäst har ett headset eller extern mikrofon ansluten till sin dator eller smartphone.

### När det går lite snett.

Vid två undantag har det hänt att jag spelat in fysiskt med gäster jag inte kände innan inspelning. Vid det ena tillfället hade jag då med mig en Zoom Handyrecorder H2n och satte så nära min gäst som det var möjligt i pandemitider, för att också själv kunna höras lite i inspelningen. Jag spelade också in en backup-fil med mobilen för säkerhets skull. Det visade sig dock dels att jag hade gjort någon felaktig inställning på Zoom-inspelaren, varför ljudet blev inspelat för tyst. Särskilt i relation till att min gäst var ganska lågmäld i sin röst, och relaterat till att vi satt i en fin liten skrivarhörna i hans sommarhus på landet. Dörren ut mot trädgården var öppen och vi hörde ibland det mjuka gnisslet ifrån gångjärnen som fick arbeta i vinden.

Vid lyssning fick jag inse att jag borde ha tänkt till mer inför inspelning med gäst fysiskt på plats – men det var så dags då. Eftersom samtalet ändå var ett viktigt samtal, som betydde mycket för mig och för andra – och att jag ville hedra min gästs tid och kompetens: så valde jag att publicera avsnittet. För att förbereda lyssnaren på ljudkvaliteten spelade jag in ett intro som beskrev ramen runt vårt möte och bad om överseende med ljudet. Det avsnittet och framför allt mötet, är fortfarande det för mig viktigaste i hela min podcastserie av varma möten. Jag är genuint tacksam för att jag dels valde att våga fråga om mötet, att den personen tackade ja – men också för att jag vågade sända samtalet utan att det höll riktigt den kvalitet ljudmässigt, som jag önskat.

## När det går lite bättre.

Enda gången vi människor misslyckas, är när vi ger upp. Så ser jag det. Att göra fel eller stöta på patrull är bara väldigt fina möjligheter till att lära sig mer, att utvecklas.

Så utifrån min erfarenhet med händelsen här ovan, valde jag att inför nästa fysiska möte och inspelning med en gäst att köpa en ny utrustning just för det ändamålet. Mina krav inför köpet var dels att jag skulle kunna både använda utrustningen vid just inspelning av podcast med gäst, dels att jag skulle kunna använda utrustningen för att spela in eget material och även video i mitt företag. Trådlöst stod därför högt på priolistan, både för att själv kunna spela in med bra ljud en bit ifrån laptop eller mobil på stativ vid filmning, men också för att kunna ge min gäst ett par trygga meters distans á la dåvarande pandemirestriktioner.

Låt mig sammanfatta det: ljud är en djungel. Tack vare podd-forum på Facebook hittade jag en vänlig själ att rådgöra med och genom det kunde jag nysta i mina olika behov och önskemål på ny utrustning. Till slut köpte jag en Boya BY-WM4 Pro K2, en tvåkanals trådlös digital mikrofon med en mottagare och två sändare. Den kan jag enkelt koppla in i min laptop med 3,5mm-koppling. För att kunna använda den även i min mobil för inspelningar på egen hand, kompletterade jag med en adapter från 3,5mm-uttag till USB-C-kontakt på mobilen. En betydligt billigare lösning än att köpa en av Boyas egna mottagare med USB-kontakt.

Fundera över din budget och utgå ifrån det. Låt inte eventuella tvivel på ljudkvalitet få dig att stanna upp helt med dina podcast-planer. Försök också att göra så mycket som möjligt med ljud-miljön, med den mikrofon du har.

Våga.
Våga igen.

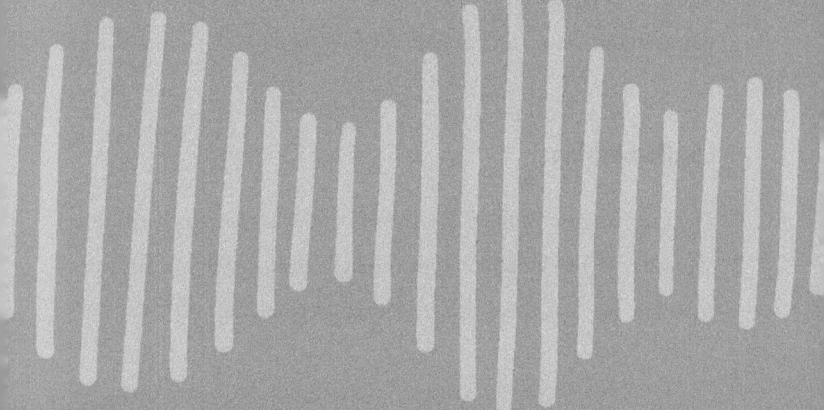

# 7. Redigering

En timme av inspelat material kan utan problem ge dig minst två timmar av ljudredigering och klippning, om du vill. Förmodligen skulle du kunna sitta i en halv evighet och pyssla med ljudet, och det finns poddar som gör redigering till en konstform – det är riktigt skönt att lyssna på! Om du har den ådran i dig och tid tillgodo: kör!

För egen del valde jag innan jag äntligen tryckte på Rec att bestämma mig för att inte redigera ett endaste dugg. Det har jag försökt hålla så långt som möjligt. Ännu idag är det allra mesta publicerat i samma grundformat som vid inspelning. Det handlar i grunden om att inte gå in i perfektion och att jag rent konkret inte har tid att ägna mig åt det finliret, även om jag verkligen kan uppskatta poddar som har haft det fokuset.

## Ljudförbättring.

Det jag däremot numera försöker göra, är att först och främst skapa en så bra ljudmiljö som möjligt vid inspelning. Därefter försöker jag också att brusreducera klippet, det vill säga att genom Audacity som är det program jag använder, låta programmet justera bort brusigt ljud och låta det närma sig en så tyst bakgrundsmiljö som möjligt. Detta går att googla och få fram fina tutorials för. Sök på "brusreducering Audacity" på Youtube, så får du upp bra svar.

## Filkonvertering.

Det kan hända att du behöver konvertera en ljudfil från exempelvis WAV eller MP4 för att kunna redigera den i ditt redigeringsprogram. Jag brukar använda tjänsten Online Audio Converter, där väljer jag alltid bästa möjliga ljudkvalitet (320 kbps).

## Klippning.

I de olika program som kan användas till redigering är det också enkelt att klippa ut delar som du inte tycker blev bra, långa stunder av tystnad eller upprepade harklingar, annat som stör lyssnarupplevelsen. Du kan också klistra in ett förinspelat intro eller outro, välja att infoga en jingel eller någon ljudeffekt även under avsnittets gång. Om du använder andras musik eller ljud- material, se till att vara säker på att du har rättigheter till att använda materialet! Det finns flera websidor som möjliggör användande av godkänt material till just detta ändamål. Det finns en uppsjö av redigeringsmöjligheter när det kommer till ljud. Om du vill fortsätta att utforska detta rekommenderar jag dig att söka vidare på nätet och att läsa någon bok om ljudproduktion!

Om ditt mål är att komma över tröskeln och alls börja att spela in podcast är min rekommendation till dig att du försöker att minimera dina hinder för att nå dit: redigera så lite som du bara kan, för att komma igång med själva hantverket podcast i sin helhet. Du kan också be någon om hjälp med redigering, det finns många duktiga människor där ute i världen som gärna hjälper dig (en del säkert gratis, många mot betalning).

# 8. Distribuera podden

Äntligen är du framme vid att dela ditt avsnitt med världen! Grattis! För att kunna dela podcasten vidare till andra människor finns det några steg som du behöver göra:

## Skapa konto på poddhotell.

Ett poddhotell är en plats där du skapar din podcasts personliga sida. Här får du beskriva din podcast, ladda upp poddens profil-bild och eventuella logga. Sedan laddar du sedan upp ditt avsnitts ljudfil och information om avsnittet till poddhotellet.

Andra appar och streamingtjänster samlar sedan in data om din podcast via ditt poddhotell. Några vanliga tjänster för detta är Libsyn, Anchor, Acast och Podbean, (jag listar dessa och några till i slutet av boken). Många tycks rekommendera Anchor utifrån enkelheten – jag har själv bara nosat på den plattformen och tycker att den verkar vara smidig. Dessutom är den gratis.

## RSS-flöde.

För att andra streamingtjänster ska kunna hämta all information om din podcast behöver du ange ditt RSS-flöde till dessa. RSS-flödet är unikt för din podcast. För att koppla din podcast till de streamingtjänster där du vill synas, behöver du skapa konto eller logga in på respektive tjänst och följa instruktionerna.

I ett steg blir du ombedd att klistra in ditt ditt RSS-flöde (en weblänk). Exempel på plattformar du kan behöva koppla till ditt RSS-flöde är Spotify (logga in på Spotify for podcasters) och Apple Podcaster, där du loggar in på iTunes Connect och skapar ett apple-ID om du inte har ett sådant sedan tidigare.

När du sedan publicerar ditt nästa podcastavsnitt till ditt podd-hotell, kommer det automatiskt att synas i de olika streaming-tjänsterna inom några minuter upp till en halvtimma.

# 9. Marknadsföring

Att nå ut med sin podcast är en process i sig. Det finns många poddar på marknaden och flödet är stort i sociala medier liksom i livet i stort, vad gäller intryck att sortera i. Det här blir på inget sätt ett heltäckande uppslag kring marknadsföring – helt enkelt för att det är ett väldigt brett område. Målet med den här boken är återigen att du ska komma igång att spela in ditt första podcastavsnitt! Därefter kan du utforska marknadsföring ytterligare. För hur det än är så är det roligt om människor hittar till din podcast. Så några saker finns det att skicka med redan från start:

## Prioritera.

Skapa gärna konton som tillhör din podcast i de sociala medier som du tänker använda för att möta dina lyssnare. Sociala medier skulle kunna ta en heltidstjänst i anspråk att ägna dig åt om du skulle vilja – så välj ut en eller två plattformar där du är mest aktiv. Försök att dela regelbundet i dina flöden, för att bibehålla relation och kontakt med lyssnarna.

## Ta hjälp av ditt community.

Ta hjälp av ditt community i sociala medier eller i andra kanaler, be dem att berätta vilka frågor de skulle vilja ställa till en viss gäst eller vilka tankar de har om nästa poddtema. Du kan också välja att köpa betald marknadsföring i sociala medier, det kan ge nya lyssnare en möjlighet att hitta dig.

Ett sätt att sprida de podcastavsnitt som du och ni spelar in är också givetvis att din gäst delar avsnittet vidare i sina kanaler. Varje gäst har sitt eget nätverk som mest sannolikt består av en mängd nya människor som kan ha intresse för det du och ni tillsammans har skapat. Det ger ringar på vattnet och därför är det en win-win för både dig och din gäst att dela vidare i era respektive nätverk när ni har samskapat podcast.

Det finns många fler möjligheter att sprida din podcast, till exempel genom att skapa korta videofilmer med citat från varje poddavsnitt, sända live ifrån inspelningen, spela in video samtidigt och lägg upp samtalet på Youtube, skapa ytterligare material i form av blogginlägg, ja listan kan göras lång. Fråga dig själv vad ditt syfte är, vilket är ditt varför till de olika kanalerna och det du vill sprida?

**Ha tålamod.**

Tålamod är ett ord som också kan tålas att få plats här. Min bild är att din bästa marknadsföring är när lyssnare uppskattar samtalen, innehållet i podden – och återkommer avsnitt efter avsnitt. Lyssnare som får värde och som känner relation till dig blir sannolikt också mer stolta ambassadörer för din podcast!

## 10. Tjäna pengar på podcast

Det känns svårt att skriva en bok utan att nämna något om fenomenet att vilja tjäna pengar på sin podcast – något som många har en dröm om. Drömmen är fullt möjlig, om än inte riktigt på det där sättet att det händer av sig självt.

Det finns flera sätt att tjäna pengar på podcast. Ett sätt är att söka sponsorer som finansierar din podcast.

### Sponsring.

För att detta ska vara intressant för företag eller andra intressenter brukar det behövas ett visst antal lyssningar per avsnitt. Det kan också hända att du har ett tema som är intressant för ett företag som vill sponsra podden redan ifrån start, utan att veta antal kommande lyssningar. Det är möjligt att både ha reklam eller nämna sponsorer i inledningen av podden, i mitten liksom i slutet. Det finns flera varianter att lägga upp reklam-inslagen, på ett sätt som fungerar i just din podcast och som passar den reklam som du överenskommer att ta in.

## Donationer och medlemsskap.

Ett annat sätt att tjäna pengar på podcast är via tjänster så som Patreon – en tjänst som möjliggör för dina lyssnare att bidra med donationer eller anmäla sig till medlemskap för att både stötta dig och kunna ta del av mervärde du skapar via plattformen.

## Affiliatemarknadsföring.

Ytterligare ett sätt är affiliatemarknadsföring, där du i korthet berättar om något i podden och om lyssnaren köper produkten och samtidigt uppger en kod som länkas till dig, får du en viss procent av summan.

## Webshop.

Du kan också koppla en webshop till din hemsida och i podden berätta vad du säljer där, det kan vara sådant som extramaterial, digitala produkter eller fysiska sådana.

**Värdet av förtroende och relation.**

En tid in i mitt eget podcastande visade sig möjligheterna till betalda samarbeten med företag (utanför podden, samarbeten som baserade sig på mina kunskaper som socionom) liksom erbjudanden om arbeite (både utifrån socionombakgrund och kunskaper inom podcast). Jag tycker mig också märka att podden gjort något fint i relationen med befintliga liksom nya kunder i min verksamhet, människor som jag tror fått känna igen min röst och kunnat relatera till mig innan de sökt mig professionellt. Det är stort, och med ödmjukhet tar jag emot de nya kontakter som dyker upp hos mig.

**Andra värden.**

För egen del hade jag vid uppstart av min podcast ingen endaste tanke på att tjäna pengar på podden, det är ännu inte idag mitt mål med att podda. Dessutom visste jag ifrån start att jag ville hålla min podcast fri från (extern) reklam och har därför aldrig räknat med att få inkomster via sponsring. Med det sagt nämner jag mina egna företag i podden (alltmer senaste tiden) och det är såklart en marknadsföring i sig.

För mig är det stora värdet i podcast att göra något jag uppskattar att göra, att få möta andra människor i samtalen – men också att få ta del av lyssnares upplevelser efteråt. Att höra deras tankar i ett mail och få förstå att det på något sätt gjort skillnad i en persons liv att lyssna på podden – det är ovärderligt.

Även om du försöker att göra ett nyfiket utforskande av vad din podcast ska syfta till, är det möjligt att riktningen utvecklar sig över tid. Om du försöker att hålla dig uppdaterad med dina egna värderingar och mål, är det lättare att navigera vad som blir viktigt att göra med din podcast och de kringaktiviteter som följer kring den.

# 11. Tack!

När vi nu går till avslut i den här boken vill jag koppla tillbaka till det viktigaste av allt: **ditt varför.** Om du hittat ditt varför med att starta podcast har du kommit en oerhörd bit på vägen. Om du dessutom kommit igenom eventuella spärrar av rädslor, perfektionism och prokrastinering, då är du nära ditt första poddavsnitt.

Alla människor har något att ge vidare till andra, något som du upplevt kan vara rena rama medicinen för en annan människa att få ta del av. Din röst behövs där ute i världen, jag är helt säker på det.

Låt din podcast och ditt skapande få vara en spännande, kreativ och utvecklande process. I en sådan process ingår det ofta i själva konceptet att ibland tvivla, ifrågasätta och tveka. Det är helt naturligt – men det betyder inte att vi måste stanna upp helt.

Tänk om det är så att du inte alls behöver vara din egen recensent och tycka så mycket om din egen podcast?

Tänk om det vore möjligt att överlämna till andra att tycka – eller inte tycka? Att överlämna till andra om de vill lyssna och hur det lyssnade landar i dem – och fortsätta att skapa det du vill, dag för dag

Jag hoppas att den här boken har varit och kommer att vara till hjälp för dig i ditt poddande! En varm rekommendation är att söka upp och gå med i något av de podcastforum som finns på Facebook!

Du är också mer än välkommen att kontakta mig för frågor eller feedback kring något av det du läst.

Du når mig på   toveeloa@popcornpodden.se   och du kan även följa mig på både Instagram och Facebook under namnet @popcornpodden

*Lycka till!*

Tove Eloa Öberg

## Tips på program och onlinetjänster

Förteckningen här nedan är på inget sätt komplett och jag har själv inte provat alla tjänsterna. Min rekommendation är att du funderar över vilka behov du har – så långt du känner till dem. Utgå ifrån dessa när du väljer tjänster. Genom att gå med i Facebookgrupper för podcasters kan du också få mycket information och inspiration. Använd gärna sökfunktionen i Facebookgrupperna – det är sannolikt att fler har frågat just det du funderar över. Om du inte hittar ditt svar i tidigare frågor, kan du själv ställa frågan till gruppen!

### Bildredigering
Canva

### Jinglar och musik
AudioJungle

EpidemicSound

Pixabay

## Filkonvertering

Online Audio Converter

Cloud Convert


## Poddhotell

Acast

Anchor

Libsyn

Podbean

Podspace

Soundcloud


## Redigeringsprogram

Audacity

Auphonic

GarageBand

Hindenburg


## Transkribering av ljud till text

Trint